AF142406

© 2023 Gérard LEDUC
Édition : BoD - Books on Demand, info@bod.fr
Impression : BoD - Books on Demand, In de
Tarpen 42, Norderstedt (Allemagne)
Impression à la demande
ISBN : 978-2-3221-0277-8
Dépôt légal : juin 2023

Toute Une Vie

Par La Poésie

PRESENTATION

Dans l'écriture, l'auteur se transforme en une simple marionnette manipulée par des suspends, dans le but d'exprimer tout l'amour, toutes les passions, tous les regards de la vie, bouillonnant dans nos pensées, dans nos réflexions !

Alors, voici ce petit recueil, qui s'intitulera (forcément) : ***toute la vie par la poésie***.

Ce sera à chacun, chacune, de pouvoir s'évader, par les mots, les textes, là où bon lui semblera !

Gérard

MEMENTO

1. La communion

2. Seize ans

3. Le rêve

4. La rencontre

5. Le déni

6. Doux réveil

7. Bébé

8. L'adolescence

9. Savoir vieillir

10. Marcher dans sa tête

11. A la cour des miracles

12. Comme un coquelicot

1. LA COMMUNION

Les premiers regards des jeunes ados sur l'injustice qui nous cernera à tout instant, et qui les accompagnera durant toute leur existence !

Dans mes habits de pauvreté,

Le jour de notre communion,

On nous mettait pour nous cacher,

Au milieu de la procession !

Quand le curé nous a parlé

De l'amour envers son prochain,

La plupart de nous songeait à pleurer !

Ce n'est pas à Dieu que j'en veux,

Mais à ceux qui m'en ont parlé,

Ce n'est pas à lui que j'en veux,

Mais à ceux qui l'ont remplacé,

Pourtant, je l'ai cherché dans leurs yeux,

Et jamais je n'ai pu le trouver !

Hier, les divorcés étaient enterrés

Comme on enterrait les chiens.

Pour les adultères, trois prières,

Tu vois, ça ne coûtait rien !

Pour le nourrisson décédé,

Les sacrements étaient refusés,

Il n'était pas l'ange confirmé

Car il n'était pas baptisé !

Tout compte fait, il y a des gens persuadés

Que tout leur sera pardonné !

Ce n'est pas à Dieu que j'en veux,

Ce n'est pas à lui que j'en veux,

Mais à ceux qui l'ont remplacé.

Pourtant, je l'ai cherché dans leurs yeux,

Et jamais je n'ai pu le trouver !

Le monde entier fait des prières

Pour un avenir incertain,

Le monde a peur, le monde a faim,

Et chacun s'en lave les mains !

Ce n'est pas à Dieu que j'en veux

Mais à ceux qui l'ont remplacé,

Moi, je suis bien plus heureux,

De vivre avec tous mes péchés

Ce n'est pas à Dieu que j'en veux

Mais à ceux qui l'ont remplacé.

Ce n'est pas à lui que j'en veux,

Mais à tous ceux qui l'ont bafoué !

2. <u>SEIZE ANS</u>

L'époque insouciante : celle des premiers émois amoureux de la jeunesse !

Malheureusement, cette période sera bien trop courte, filante, car si nous ne courrons pas après notre destin, c'est lui, le destin qui nous court après ! Il a la fâcheuse tendance à courir trop vite.

A la sortie du lycée, tu me cherches du regard. Bravant tout le rassemblement sonore, tu m'aperçois ; je m'avance de quelques pas… Maintenant, tu me rejoins. Te débarrassant de ton fourre-tout, je te prends la main.

Complices, sans dire un mot, nous nous éloignons des adeptes de Monsieur Nicot. Nous marchons lentement sur le chemin des écoliers. Sortis du regard des autres lycéens, on se retrouve face contre face ! Sans demander mon avis, tes bras se lovent autour de mon cou. Instinctivement, guidé par cet instant de tendresse, les nez s'accouplent, nos lèvres frémissantes, tremblantes, se cherchent, s'entrouvrent. Afin d'unir spontanément nos pensées, la lumière de mes yeux, illumine ton doux visage. Subissant les conséquences de notre enlacement, notre éducation essaie timidement d'enrayer la montée de nos envies ; alors nous nous séparons très … très légèrement. En s'enfuyant un peu plus loin, nous songeons à parfaire notre copie, peut être même d'une manière plus approfondie, mais surtout, loin du regard avide des envieux, car cette attirance s'est transformée en un immense désir.

3. LE REVE

Peut-être à la recherche d'une liaison un peu plus consistante, le jeune adulte rêve d'un idéal, d'une âme sœur.

Seulement il se heurte souvent à ceci : "il y aura tant de choses qu'on ne peut dire, et surtout, tant de choses que l'on ne dira jamais !"

Alors, son refuge sera, la plupart du temps, dans les rêves !

REVER D'UN SONGE

L'éclaircissement de la nuit annonce la matinée ; je suis alors confronté à des choix imposés.

Je le sais, nous ne pourrons jamais, nous dire toujours.

Pas aujourd'hui, c'est certain, ni demain, ni jamais.

C'est dans le rêve que je rejoins l'impossible amour.

Ressentant dans cette passion, tout ce qu'il signifiait, cela fait trop mal cette torture, ce désir trop fugace !

Je n'ose regarder mon désespoir, tourner la page. Pas aujourd'hui, c'est certain, ni demain, ni jamais.

Je ne peux pas rêver d'autres voyages que ceux de tes traits !

Comme un somnambule, je m'aventure dans les dédales de l'impossible espérance d'être ton sénéchal !

Bien que tu sois repartie, affolant mon amour, pas uniquement pour maintenant, mais pour toujours !

Surtout pas d'adieu, nous ne pourrions y survivre !

Est-il vrai que tu ne sois qu'apparence très fictive ?

Tu m'insuffles tant : nous ne serons pas satisfaits, pas aujourd'hui, c'est certain, ni demain, ni jamais !

Hélas je vivrai donc seul, dans tous les endroits solitaires, où chaque instant, je verrai ta silhouette éphémère.

Souhaitant enlacer ton corps, ceinturer tes bras, déjà tu t'évapores, je sais que tu n'es plus là.

Comment pourrai-je comprendre que tu m'abandonnes, dans un triste au revoir suivi d'une journée bien morne !

Les jeux sont faits, nous ne serons jamais ensemble !

J'interrogerai ma mémoire, pleurant pour toujours !

Je referme ce poème angoissant puisque tu n'es qu'amour !

Nous serons séparés, désespérés, trop surfaits !

Pas aujourd'hui, c'est certain, ni demain ! A tout jamais !

4. LA RENCONTRE

(comme je t'aime)

Dans mes rêves, les portes sont si faciles à entrebâiller ou bien… se fermer !

Nos cœurs dessinent un amour frôlant, rimant avec le mot "toujours".

Cette passion sera comme la palette des couleurs du peintre ; il y a le blanc, il y a le noir, mais il faudra bien les deux, pour réaliser un joli tableau, … ou une jolie mélodie pour les musiciens !

L'époque insouciante : celle des premiers émois amoureux de la jeunesse !

Malheureusement, cette période sera bien trop courte, filante, car si nous ne courrons pas après notre destin, c'est lui, le destin qui nous court après !

Il a la fâcheuse tendance à courir trop vite.

COMME JE T'AIME

Je me promène, je te rencontre,

Tu es jolie, ça je m'en rends compte ;

Et tu m'ignores, tu suis ta route,

Légère, mutine, me voir j'en doute !

De te croiser, je reste chagrin,

Pour t'accoster, peut-être demain !

Je ne connais pas la manière,

Dis-moi comment, comment il faut faire,

Comment il faut faire...

Comme je t'aime, comme je t'aime !

Tu me regardes, vers moi tu viens.

Penaud, bloqué, je me retiens ;

Tu tends la main, je n'ose bouger,

Comme fasciné, paralysé !

Je suis statue, je suis gamin,

Sur ton regard, s'égare le mien.

En découvrant tes yeux, tes yeux fripons,

Je suis… dans la fascination !

Dans la fascination…

Comme je t'aime, comme je t'aime !

Trop envouté, trop attiré,

Je te laisse faire, sans résister ;

Sous tes baisers, cet ouragan

Qui m'emporte dorénavant !

Je ne pense plus, plus à respirer

Si je ne peux t'apprivoiser !

Haletant, et même suffocant,

De ce rêve, j'en serai le perdant…

Comme je t'aime, comme je t'aime !

5. LE DENI

(Comme je t'aime)

Il arrive, peut-être plus souvent qu'on ne le croit, qu'une personne prenne peur, confrontée à une passion très forte, trop intense !

Alors, elle refusera de s'engager sur cette voie bien trop forte ! Le seul remède, la seule issue pour y échapper, c'est la refuser et s'enfuir !

LE DENI DE LA PASSION

Jusqu'à présent, le courage m'a toujours fait défaut ; ce n'est pas si simple de te dire : "j'arrête, cessons notre relation, mais restons bons amis !"

Qu'elle foutaise ! Songeant aux sentiments émanant de tout ton être, il me semble que je peux y répondre avec la même ferveur, avec la même intensité !

Je suis conscient qu'à certains moments, tu accapares l'essentiel de mes pensées. Je ne suis pas suffisamment fort, décidé, préparé à t'accompagner dans la profondeur de tes rêves.

Oui, c'est ton amour qui m'effraie ! Suis-je assez passionné, aimant, pour te suivre aveuglément ? Je suis sincèrement affligé de t'imposer cette douloureuse épreuve !

Pourtant, je panique en pensant aux dégâts que mes mots, que mes paroles, ne cesseront de te déchirer ! J'ai bien trop de regrets d'avoir croisé ta destinée, d'avoir provoqué tout cet embrasement. Je connais tant le sujet de tes espérances, conscient que tu comptes les journées à m'attendre !

Constatations

Seulement, j'ai le sentiment que cette liaison m'est trop nocive, que tu essaies de me transformer en quelqu'un d'autre que je ne suis pas, bref, que tu désires faire un ciel de mon enfer !

Je peux te l'avouer maintenant, lorsque tes yeux m'ont croisé, j'en ai soudainement tremblé, pas de froid, mais de toi ! Il fallait voir combien tu resplendissais ! Rien qu'à ton regard, j'avais compris immédiatement que je ne serai pas pour toi un amant de pacotille !

Depuis cet instant, le sommeil m'oublie, remplacé par ton parfum qui odore toutes mes nuits. Avec toi, le droit de tricher ne peut exister, je n'oserai jamais !

C'est pourquoi, petit cœur, je ne peux partager cette folie sentimentale : j'ai trop peur de t'aimer vraiment, sincèrement !

Tu vas surement me maudire ; je ne pourrai t'en vouloir, car seul fautif, je vais devoir t'abandonner, te laisser complètement désemparée, abasourdie par ma décision !

S'il te plaît, ne pleure pas, embrasse-moi encore une fois, que je puisse graver sur mes lèvres l'empreinte de tes baisers !

Remords

Lentement, d'une démarche hésitante, je m'échappe de ses bras. Mes pas sont lourds d'avoir dévoilé mon âme.

Résultat de toutes ces pensées tant contradictoires, mon esprit se trouve comme ensorcelé, ballotté, chahuté !

Pourquoi suis-je triste, si triste, trop triste maintenant ? J'ai très froid ou c'est peut-être moi qui se voile la face !

Que cela est difficile d'accepter cette séparation de ton image présente ! Je continue de marcher, ou plutôt errer, tout droit devant moi. Je ralentis, mes pas deviennent plus traînants. Je m'arrête, me retourne. Tu n'as pas bougé, ni esquissé le moindre geste ! Je ne sais plus quoi faire, comment réagir. Découvrant la pâleur de ton visage, je ressens toute la pesanteur de ta détresse.

Maintenant, c'est à l'intérieur de moi-même, que tout cela semble exploser.   Tel un automate, je refais inconsciemment quelques enjambées vers ce passé si présent !

Toutes mes résolutions sont soudainement bafouées, anéanties ! Est-ce la cause de la pluie qui s'invite ou de mes larmes, que la brume présente, trouble ma vision ? Je rejette mon orgueil masculin, je capitule ! Je te rejoins…

Nos mains, nos regards semblent soudés et ne se quittent plus !

Après une longue et mutuelle caresse des yeux, sans prononcer un mot, nous cheminons vers un je ne sais pas, vers quel horizon inconnu, mais surtout, seuls au monde.

6. TENDRE REVEIL

Quand la douceur flirte facilement avec la tendresse,

cette union de deux mots pourrait n'en faire

qu'un : "amour"

Nous comprenons beaucoup mieux les femmes en

les aimants, tout simplement.

DOUX REVEIL

Je te dévisage doucement, amoureusement !

Sur tes cheveux un diadème perlé,

Sur ton front, je sonde tes pensées,

Sur tes yeux, tout ce monde infini,

Sur tes joues, croquer c'est l'envie,

Sur tes lèvres, je dépose ma bouche,

Sur ton cou, mon sourire se couche,

Sur ta peau, je reste ébloui,

Sur tes seins, le désir m'envahit,

Sur ton ventre, cette attente d'espoir,

Sur ton corps, tous mes doigts s'égarent,

Sur l'étreinte, nos deux corps s'unissent,

Sur ta couche, les astres éblouissent...

Sur nos chairs, les marques de l'amour !

7. <u>BEBE</u>

<u>LA NAISSANCE</u>

*En réponse ... aux amours partagés, le créateur leur
envoie une immense offrande : un petit d'homme,
tout nu, et un tantinet braillard, un tendre chérubin
baptisé "bébé"*
Cette poupée vivante va accaparer l'essentiel de leur
vie future !

J'entre dans la chambre,
Je vous regarde et je vous admire
Mes trésors, je suis envouté,
Je n'ose faire aucun bruit,
Car vous semblez profondément
Endormis, surtout bébé,

Dans le creux douillet de tes seins !

Confiante, sa petite tête est blottie,

Les yeux fermés, il grimace !

Les poings fortement serrés

Il semble affronter la vie.

Mon cœur lui, ne touche plus terre,

Et le sourire de sa maman,

Au regard si émerveillé,

Provient des profondeurs

De son être. J'ose croire au bonheur !

Ta maman et moi, t'avons légué

Notre grande passion en héritage.

Mon cœur explose d'une grande fierté,

D'allégresse et d'adoration !

Immobile, à côté de votre lit,

Je me découvre tout empoté,

Peut-être même tout abasourdi !

Le bébé le plus beau du monde,

C'est le tien, c'est le mien, chéri !

Je sais que bébé s'accapare de ton amour,

Je ne pourrai le jalouser

Je mesure toute l'intensité

De ce transfert, je m'y attendais.

J'apprends à devenir papa !

Bébé, tu écouteras ta maman,

Chanter de très jolies chansons,

Tout en tétant le lait à la source !

Je me retourne cacher mes larmes,

Pour respirer à contre-jour ;

Attiré par un carrousel,

Je perçois du bord de la fenêtre,

Les folles querelles des mésanges,

Parmi celles des espiègles rouges-gorges,

Afin d'avoir la meilleure loge

Pour admirer ce doux tableau.

Le cœur gros de félicité,

Je referme la porte doucement…

Très très doucement !

8. L'ADOLESCENCE

Et voici arrivé l'adolescence, l'âge ingrat, égoïste, adepte du mot "non", avec beaucoup d'idées pour "refaire" le monde qui va trop cahin-caha !
Qui disait "âge tendre et tête de bois "?

LES ADOLESCENTS

Treize ans ! Déjà, ils quittent l'enfance, ou du moins, ils le pensent. Ils se prennent pour quelqu'un ou désireraient lui ressembler !

Ils adorent critiquer, s'opposer à toutes conventions.

C'est l'âge ingrat, peut être aussi celui de la beauté naturelle !...

Certes, ils ne sont plus tout à fait des enfants, mais pas encore des adultes qui ne comprennent pas leur mal être !

Ils bravent l'autorité, deviennent rebelles. Pour un besoin d'indépendance, ils veulent tout démolir et créer à la fois !

Ils sont continuellement à la recherche de leur propre style, de leur coiffure, bref, de leur propre identité.

C'est le temps des secrets, surement le temps des premières déceptions car c'est aussi l'âge des tourments. Aujourd'hui ils n'aiment plus ce qu'ils ont adoré la veille !

Ils peuvent également sombrer dans un abattement sévère, ou ils se sentiront très seuls, incompris ! Parfois même, l'idée du suicide pourrait les accompagner.

Mais c'est le temps des amitiés sincères, le temps des copains qui seront leur nouvelle famille.

C'est celui des premiers amours, des rêves d'évasion, de bonheur rapidement trouvé.

Leurs corps se transforment, ils ne sont plus des bébés mais pas encore des adultes.

Ils veulent être plus âgés, devenir grands, pour se projeter le plus vite possible dans le futur.

Doucement, ils basculent dans la vie réelle, non virtuelle, cars ils se rendent compte que de cette vie, ils n'en connaissement pas grand-chose.

Alors, imperceptiblement, ils abolissent les pesants tourments pour devenir un adulte qui entre dans les rangs de l'existence, pour devenir un grand enfant responsable !

9. SAVOIR VIEILLIR

Les plis et les rides de la vieillesse forment justement les plus belles écritures de la vie.

Les masquer, c'est se cacher, maquiller son historique.

Habituons nous à vivre tel que nous sommes et tel que les âges nous façonnent ?

Bien vieillir, c'est vieillir avec l'esprit sans remord, sans regret, sans surveiller l'heure, regarder devant soi, sans peur, car à chaque âge, son petit coin de bonheur !

Vieillir en beauté, c'est vieillir avec son corps, le voir sain et beau en dehors, ne jamais abdiquer devant cet effort, l'âge n'a rien à voir avec le sort !

Vieillir en partage, c'est peut être donné un coup de pouce à ceux qui oublient que la vie peut être douce et qu'il y a toujours quelqu'un qui vient à la rescousse !

Vieillir en avançant, c'est vieillir logiquement, en évitant de se pencher sur les souvenirs d'antan, d'être admiratif de ses cheveux blancs, pour être heureux, il y a toujours un temps !

Vieillir en tendresse, c'est vieillir avec son bagage d'amour, savoir donner sans espérer un retour, avec un cœur plein d'espoir, s'endormir le soir, puis quand vient de ne plus pouvoir, vous dire les yeux étonnés…

Au revoir !

10. MARCHER DANS SA TETE

Il est exact qu'à un certain âge, le futur se rétrécit de plus en plus rapidement ! Il a même tendance à accélérer !

Petit à petit, le créateur reprend ce qu'il nous a prêté : la beauté !

Pensant être indestructible, chacun dessine son propre univers. Les années passent et nous préférons volontairement ignorer l'autre côté de la lumière. Les images de l'irréel, de l'espace du temps à parcourir, font partie prenante de notre quotidien, jusqu'au jour où…la fatalité décide de rompre cette insouciante habitude ; elle nous fait plonger dans la morosité d'un brouillard psychique.

Et oui ! La vie, devenue garce, a réussi à me supprimer les membres inférieurs ! Depuis, le temps passe, s'écoule encore et encore, inexorablement.

Pour moi, les mots comme patience, espérance ou bientôt, sont devenus agressifs et possèdent désormais le don de me faire bondir, exploser, devenir fou !

Actuellement les miroirs reflètent le portrait d'une personne sombrant imperceptiblement et non moins inexorablement vers un long non-retour intemporel !

Cette dégradation me secoue, me fait basculer dans les longs tentacules de la crainte.

Bien trop banal et bien trop facile de se dire : réagis bon dieu ! Hélas, mon humeur habituellement aimante, avide de la vie riante, s'échappe petit à petit.

Malgré moi, devenu méfiant, je me surprends à disséquer les regards fuyants d'autrui. Ceux-ci m'offrent trop d'incertitude sur l'exact sens de mes réflexions.

Maintenant, l'espérance ressemble beaucoup au manège de mon enfance qui tourne, tourne, tourne ! Comment faire pour tout stopper ? Disjoncter ?

En prenant un peu de recul, je ne vois apparaitre personne pour m'extirper de cette succion néfaste, où mes pensées se trouvent gangrénées par la noirceur de l'adversité.

J'aperçois le jour s'estomper vers la tombée de la nuit. Pourrai-je prochainement envisager un retour aux bonnes habitudes normalisées ?

Il me faudra certainement l'électrochoc d'une fantastique nouvelle, véritable, réelle cette fois ci, afin de m'obliger à rire aux éclats, devant les dangereux moments qui me persécutent depuis bien trop de temps.

Pourtant, il est vrai que je souhaiterais m'endormir avec des rêves qui feraient resplendir un tout nouvel horizon.

Devant la fenêtre grande ouverte, je dévorerais enfin le merveilleux ciel, habillé de bleu pastel.

Demain ?

Demain !

11. <u>A LA COUR DES MIRACLES</u>

La cour des miracles est un endroit hétéroclite mais très contemporain !

Dans cette cour, quoique vous puissiez avoir comme trauma, il y aura toujours une personne bien plus atteinte que vous. Cela nous force à rester humble !

Chut ! Entrez dans l'abside du purgatoire,

Découvrez, mémorisez bien l'endroit,

Vous ne pourrez oublier cet effroi

Qui semble rejeter les rêves de gloire !

Abandonner le geste de suffisance,

Car ici, rien ne s'écrit à l'avance.

Qui sont-ils ?

Dans leur regard, brûle leur devenir.

Loin des mots qui ne servent qu'à mentir,

Ils sont dans leur monde, prêts à s'enfuir.

Au nom du désespoir, ils chantent la vie.

Pour certains, la réponse sera le lit !

Ne pouvant remplacer l'immortalité,

Ils voudraient ardemment être écoutés !

N'espérons pas les juger sans savoir,

Car l'affolant manège de l'injustice

Brille en eux, comme un feu d'artifice.

Nous sommes sidérés de notre non pouvoir,

De l'insuffisance face à cette torture,

Mais surtout, à rejeter l'imposture !

Par-là, la sortie !

Epiant à distance, nous les observons.

Crainte, angoisse, accompagnent leur désarroi.

Peut-on seulement les guérir, oui, non ?

Donner une réponse serait maladroit.

Les voir à nouveau cahoter, puis marcher,

Pleurant, riant, ils pétrissent leur bonheur.

A cet instant, ils peuvent avancer.

Ils ont désormais oublié leur peur !

12. COMME UN COQUELICOT

Tôt ou tard, nous ne pourrons y échapper, nous serons confrontés au final d'une vie terrestre !

Pourtant, nous nous y sommes préparés pendant toute notre existence !

Seulement lorsque ce jour est arrivé...

A la seconde où ton corps s'est jeté dans l'éternité, quitté la terre tout en douceur, je suis resté figé sur place, immobile, complétement momifié.

Actuellement, ce n'est pas de savoir où cela m'emmènera, car l'important sera de continuer à t'aimer !

Les trop plein de nos envies doivent maintenant se cacher derrière les couleurs de l'arc en ciel ; cela me donne l'impression que ce foutu ciel, tout là-haut, s'est déchiré et tous les oiseaux se sont enfuis !

S'il te plait, fais-moi encore briller les yeux, ce n'est plus tant facile, je le reconnais, alors c'est donc passionnément que je vais les fermer… pour t'embrasser !

Parfois, j'éprouve une sensation de torpeur lorsque la nuit s'empare, s'éprend de mes sentiments blessés !

Là où tu es, vois-tu les étoiles ? Sont-elles les seules à scintiller autour de toi ?...

Est-il si devin ce poète, qui nous a si longtemps chanté : "aimer à ne plus savoir que dire" ?

Il est vrai que tu es seule juge à évaluer le soleil matinal, et moi, je ne peux que regarder l'endroit où tu es si bien… tout simplement présente, enracinée, dans mon cœur, semblable à la jolie fleur du coquelicot, si discrète, si envoutante...

13. LE SILENCE DE L'ABSENCE

Lorsque l'inévitable est passé noircir nos sentiments, nous ressentons tout un énorme effondrement, car notre ange gardien se sera envolé pour toujours.
Toutes les choses ne seront plus les mêmes.
Nous pouvons chercher, nous retourner, nous nous heurtons au silence de l'absence.

C'est dans la pénombre de la nuit que je vais pouvoir affronter une nouvelle fois cette vision qui s'est incrustée, gravée doucement, tout naturellement en moi.

Dans ma somnolence, et même parfois dans l'éveil, celle-ci disperse les graines du souvenir. Maintenant, cette apparition s'installe définitivement en moi, au plus profond de ma sensibilité.

Au cœur de mon intimité, par des détours exigus, très assombris, certains songes bien plus turbulents, déambulent sous quelques luminosités blafardes !

Agressé par le vent, le froid et l'humidité, je remonte instinctivement mon col, et je m'emmitoufle chaudement.

Supportant difficilement l'intensité arrogante d'un spot publicitaire, mes yeux se ferment, refusant toute tentative d'ingérence !

Sans distinguer la teneur de leur discours, une foule bigarrée, rassemblée, discute en sourdine de je ne sais quoi ! Peut-être, tout simplement, sur l'attitude d'errance que je semble colporter.

Pourtant, toutes ces personnes entendent sans écouter, voient sans regarder, peut-être qu'elles écrivent de douloureuses mélodies qu'aucune voix ne saurait traduire !

N'osant intervenir dans le silence de l'absence, ces gens ne peuvent que négliger la réalité de la douleur du désarroi !

Avant qu'ils n'imitent les gouttes de pluie, saisissez mes mots et mes paroles, que je puisse vous répondre ; saisissez mes bras, que je puisse vous étreindre ; saisissez cette souffrance qui tambourine dans ma tête, bouscule, chahute l'effroyable pensée de l'absence silencieuse...

Las, pensif, bien trop fatigué, je me résigne à retourner vers la véritable clarté : celle de notre existence !

14. LA CRUELLE INTERROGATION

La personnalité de l'homme se laisse davantage influencé par ses propres émotions, que par la réalité des faits.

Découvrir la présence d'un vide et le voilà devenir incontrôlable, ingérable, face à la douleur intérieure

Où es-tu ?

La nuit triste m'est parvenue,

Et je songe à toi,

J'attends un signe de ta présence,

Mon amour, où es-tu ?

Dans ce vide absolu,

J'espère je ne sais quoi !

Mon tendre amour, où es-tu ?

Dans cette solitude intense,

Parmi tous ces oiseaux qui dansent,

Dans toutes mes pensées, où es-tu ?

Je piétine… ce silence,

Sans réponse, mais où es-tu ?

Au-delà de quel horizon

Je dois te chercher ? Je ne sais plus !

Parmi tous ces oriflammes,

Où es-tu dans ce monde, que fais-tu ?

Au milieu de toutes ces âmes,

Dans mes désirs les plus défendus,

Je suis près de toi, étendu !

Mon amour, dis-moi où es-tu ?

Qui annoncera ta venue ?

Petit cœur, mon moi, où es-tu ?

Tout mon être lui, n'en peut plus !

Dans cette fatalité, je me détruis

A te chercher dans la nuit !

Petit cœur, parle-moi,

Petit cœur, crie le moi,

Où es-tu ?

15. RESIDENCE EN FAUTEUIL

Maison de retraite

Au crépuscule de la vie, un certain pourcentage de personnes âgées se retrouve en maison de retraite.

D'ailleurs, l'espérance de vie ne cessant d'augmenter, ces organismes se multiplient.

Témoin de cet épisode final de l'existence, j'ai souhaité écrire un petit texte.

- Bonjour Monsieur Patrick ! Vous pouvez m'accorder quelques minutes ?

- Oui, bien sûr. Cela me distraira, changera mes idées, mes habitudes.

- Voilà, j'entre de suite dans le vif du sujet : je vous observe, je vous vois régulièrement de bonne humeur ; vous avez certainement une recette miraculeuse ?

- Pour ne rien vous cacher de mes sentiments, j'essaie d'avoir le sourire, et surtout, d'éviter de glisser dans la morosité, car ici, nous nous retrouvons avec les yeux tristes, trop tristes, avec le regard bien sombre qui en découlent ! Le problème est : quoi faire pour s'occuper pendant ces interminables journées ? Surtout lorsqu'on a tendance à oublier les mots qui chantent ! J'en suis toujours chagriné, car la volonté me manque pour balayer tout cela !

D'ailleurs, lorsque je perçois une certaine musique, c'est qu'elle habille sur mesure la nostalgie, lorsqu'elle se métamorphose en un blues excessivement envoutant !

En même temps, il me faut avouer que je m'oblige à ne pas trop penser, car cela accompagne une importante fatigue intellectuelle.

Pour échapper à l'intrusion de l'angoisse, je me trouve rapidement quelques bonnes excuses. Lorsqu'il m'arrive de recevoir la pluie froide sur le visage, cela me fait penser au vent : l'amour comme le vent, je ne peux les voir, les palper ! En revanche, oui, je peux les ressentir. Actuellement, sur mon fauteuil, je suis en standby comme ils disent ! J'écoute les babillages, les trop nombreuses futilités de mes compagnons d'isolement ; parfois, je les soupçonne de faire volontairement du bruit, afin de tuer le trop plein de silence !

- Autrement, à votre âge, qu'auriez-vous à conseiller aux futures générations ?

- C'est un chapitre qui pourrait bien s'éterniser : très long à développer ! Je ne voudrais surtout pas passer pour un vieux radoteur gâteux !

- Allez, commencez tout de même !

- Puisque vous y tenez ! Voici : la nature fait les hommes semblables, mais c'est elle, la vie, qui les rend différents. En y regardant de plus près, elle peut être d'une grande beauté ! Même si nous la maudissons parfois, nous ne pouvons que l'admirer! Les décennies m'ont fait comprendre que l'amour n'a pas besoin d'être parfait, il a juste besoin d'être vrai ! Quant aux soi-disant relations, il faudrait certainement fuir les personnes qui parlent trop, qui pensent trop : ce ne sont pas celles-ci qui agissent le plus ; plus tard, nous pourrons peut-être le regretter !

Tout compte fait, le problème de notre existence est que nous nous créons bien trop de ces problèmes, car dans cette vie, si nous ne voulons pas trébucher, il nous faut obligatoirement avancer.

- Et les amours dans tout cela ? Quelle est leur place ?

- Houlà ! J'avouerais bien qu'au temps jadis, il m'est arrivé parfois de frôler des amours dangereux ! Avec le recul, il m'a semblé tout de même que dans la vengeance comme dans la passion, la femme semble bien plus cruelle que l'homme ! Si je vous confie cela, c'est par pure expérience.

Maintenant, voyez-vous dans cette résidence, il ne nous reste que l'humour et la dérision comme compagnes ! Selon toute vraisemblance, à nos âges, elles sont les meilleures et les principales thérapies... vers la sortie !

- Oh ! Excusez-moi, mais l'heure tourne. Il est temps de rejoindre le restaurant. Je vous remercie grandement d'avoir écouté mon bavardage.

- Au revoir Patrick, à bientôt !

16. COTOYER L'INCONNU

(à ne pas fréquenter)

Lorsque l'on avance dans le vieillissement de notre corps, de notre esprit, parfois, certaines personnes semblent se réfugier dans l'abolition des pensées dites raisonnables

Banalement nous prononçons cette épitaphe "il a perdu la raison"! Est-il seulement parti dans un monde inconnu ?

Je finis par me faire complètement peur : sûrement un manque de confiance en moi ! Aussi, c'est l'occasion de me regarder m'autodétruire.

C'est dans cet esprit que je voyage actuellement. Pourquoi m'inflige-t-on ce châtiment ?

On se moque ouvertement derrière moi, lorsque cela tourne bien trop vite dans ma tête. Je ressens pertinemment le néant m'absorber.

SI quelque chose d'inconnu escamote mon désespoir, alors, c'est toute mon âme que je vois s'enfuir.

Dans celle-ci, je recherche quelqu'un qui penserait les mêmes choses que moi ; au moins, on pourrait reconnaitre que ne je suis pas totalement dingue ! Ce serait certainement une grande joie !

Dans mon subconscient, j'entends comme des chuchotements : entre elles, des voix essaient de voler mon identité, bref toute mon entité. En y réfléchissant sérieusement, je dois certainement côtoyer quelques attaques psychiques, de celles qui me visiteraient de temps à autre, sournoisement !

Malgré mes graves difficultés, j'arrive à m'interroger sur ce que je suis réellement devenu : ne serait-ce pas un épouvantable bouleversement frôlant l'horrible ?

Mais à nouveau, on martèle sans aucune vergogne à l'intérieur de mon enveloppe crânienne, je vais devoir me débattre une nouvelle fois dans cette repoussante toile d'araignée poisseuse !

Tout un groupuscule de personnages grimaçant me surveille étroitement, effrontément, hideux, laids !

Ils viennent sans aucune retenue se chamailler dans mon univers et en profiter pour anéantir, effacer mes connaissances, mes rêves, mes illusions les plus profondes.

Aïe, je crois bien qu'elle, la trop grande solitude arrive à grandes enjambées ! Elle envisage certainement de me harceler sans ménagement.

Dans une coordonnée synchronisation, tous les volets viennent de se fermer : pourquoi ?

Il fait très sombre maintenant, pratiquement un noir profond.

A ce moment, indépendamment de moi-même, je suis dans l'obligation de vous dire au revoir !

Peut-être même un peu plus !

EPILOGUE

Pour tous les anciens jeunes d'auparavant,

Qui semblent un peu tremblant, tout cahotant,

Pour ces demoiselles, de leurs couettes jouant,

Arrogantes légères, surtout nous aimant,

N'oubliez pas le souvenir des gens,

Jadis plein d'avenir, si envoutants,

Pour toutes ces nanas aux regards ardents,

Qui sont déguisées, ridées maintenant !

Pour tous ces boutonneux bêtes, suffisants,

Devenus très chauves, même bedonnants,

Pour nos histoires déformées très souvent,

Nous nous plaignons trop exagérément !

La panne de mémoire sauvée par l'écran,

Le sol lui, est devenu trop bas, donc très cassant !

Mêmes nos chaussons sont devenus pesants ;

A tous mes amis, riant, chahutant,

Qui maudissent leurs maux sans ménagement,

Accompagnez-moi encore très longtemps !

La vie est comme une maladie que l'on attraperait à la naissance et dont on espérerait guérir le plus tard possible !

Gérard

REMERCIEMENTS

A toutes les personnes qui m'ont aidé à rassembler et à bâtir tous ces petits textes à tendance poétiques, pour en faire un témoignage sur l'épopée de notre existence.

Je pense en particulier à Joëlle et à Sylvie et à tous ceux qui m'encouragent à continuer d'écrire.